LIBRO DI BORDO

DEL GIARDINAGGIO

Questo libro è un blog di:

Idea regalo perfetta per principianti e appassionati di giardinaggio

LIBRO DI BORDO DEL GIARDINAGGIO

| NOME | | POSIZIONE | |
| FORNITORE | | PREZZO | |

CLASSE SCIENTIFICA

ORTAGGIO	○	FRUTTA
ERBA	○	FIORE
ARBUSTO	○	ALBERO
ANNUALE	○	BIENNALE
PERENNALE	○	SEMINA

DATE

GERMINATO

IMPIANTO

RACCOLTO

LIVELLO DI LUCE

SOLE

SOLE PARZIALE

OMBRA

ALTRO

INIZIATO DA

SEME

PIANTA

VALUTAZIONE

DIMENSIONE ○○○○○

COLORE ○○○○○

GUSTO ○○○○○

FERTILIZZANTI
E ATTREZZATURE

REQUISITI
DELL'ACQUA

0%
MENO

ISTRUZIONI
PER LA CURA

ISTRUZIONI
PER LA SEMINA

NOTE AGGIUNTIVE

LIBRO DI BORDO DEL GIARDINAGGIO

NOME

POSIZIONE

FORNITORE

PREZZO

CLASSE SCIENTIFICA

ORTAGGIO	○	FRUTTA
ERBA	○	FIORE
ARBUSTO	○	ALBERO
ANNUALE	○	BIENNALE
PERENNALE	○	SEMINA

DATE

GERMINATO

IMPIANTO

RACCOLTO

LIVELLO DI LUCE

SOLE

SOLE PARZIALE

OMBRA

ALTRO

INIZIATO DA

SEME

PIANTA

VALUTAZIONE

DIMENSIONE ○○○○○

COLORE ○○○○○

GUSTO ○○○○○

**FERTILIZZANTI
E ATTREZZATURE**

**REQUISITI
DELL'ACQUA**

0%
MENO

**ISTRUZIONI
PER LA CURA**

**ISTRUZIONI
PER LA SEMINA**

NOTE AGGIUNTIVE

LIBRO DI BORDO DEL GIARDINAGGIO

| NOME | POSIZIONE |
| FORNITORE | PREZZO |

CLASSE SCIENTIFICA

ORTAGGIO	○	FRUTTA
ERBA	○	FIORE
ARBUSTO	○	ALBERO
ANNUALE	○	BIENNALE
PERENNALE	○	SEMINA

DATE

GERMINATO

IMPIANTO

RACCOLTO

LIVELLO DI LUCE

SOLE

SOLE PARZIALE

OMBRA

ALTRO

INIZIATO DA

SEME

PIANTA

VALUTAZIONE

DIMENSIONE ○○○○○

COLORE ○○○○○

GUSTO ○○○○○

FERTILIZZANTI E ATTREZZATURE

REQUISITI DELL'ACQUA

0%
MENO

ISTRUZIONI PER LA CURA

ISTRUZIONI PER LA SEMINA

NOTE AGGIUNTIVE

LIBRO DI BORDO DEL GIARDINAGGIO

NOME

POSIZIONE

FORNITORE

PREZZO

CLASSE SCIENTIFICA

ORTAGGIO ○ FRUTTA

ERBA ○ FIORE

ARBUSTO ○ ALBERO

ANNUALE ○ BIENNALE

PERENNALE ○ SEMINA

DATE

GERMINATO

IMPIANTO

RACCOLTO

LIVELLO DI LUCE

SOLE

SOLE PARZIALE

OMBRA

ALTRO

INIZIATO DA

SEME

PIANTA

VALUTAZIONE

DIMENSIONE ○○○○○

COLORE ○○○○○

GUSTO ○○○○○

<table>
<tr><td>

FERTILIZZANTI E ATTREZZATURE

</td><td>

REQUISITI DELL'ACQUA

</td></tr>
</table>

0%
MENO

ISTRUZIONI PER LA CURA

ISTRUZIONI PER LA SEMINA

NOTE AGGIUNTIVE

LIBRO DI BORDO DEL GIARDINAGGIO

NOME	POSIZIONE
FORNITORE	PREZZO

CLASSE SCIENTIFICA

ORTAGGIO	○	FRUTTA
ERBA	○	FIORE
ARBUSTO	○	ALBERO
ANNUALE	○	BIENNALE
PERENNALE	○	SEMINA

DATE

GERMINATO

IMPIANTO

RACCOLTO

LIVELLO DI LUCE

SOLE

SOLE PARZIALE

OMBRA

ALTRO

INIZIATO DA

SEME

PIANTA

VALUTAZIONE

DIMENSIONE ○○○○○

COLORE ○○○○○

GUSTO ○○○○○

FERTILIZZANTI
E ATTREZZATURE
REQUISITI
DELL'ACQUA
0%
MENO
ISTRUZIONI
PER LA CURA
ISTRUZIONI
PER LA SEMINA
NOTE AGGIUNTIVE

LIBRO DI BORDO DEL GIARDINAGGIO

NOME		POSIZIONE
FORNITORE		PREZZO

CLASSE SCIENTIFICA

ORTAGGIO	○	FRUTTA
ERBA	○	FIORE
ARBUSTO	○	ALBERO
ANNUALE	○	BIENNALE
PERENNALE	○	SEMINA

DATE

GERMINATO

IMPIANTO

RACCOLTO

LIVELLO DI LUCE

SOLE

SOLE PARZIALE

OMBRA

ALTRO

INIZIATO DA

SEME

PIANTA

VALUTAZIONE

DIMENSIONE ○○○○○

COLORE ○○○○○

GUSTO ○○○○○

<table>
<tr><td>

FERTILIZZANTI
E ATTREZZATURE

</td><td>

REQUISITI
DELL'ACQUA

</td></tr>
</table>

0%
MENO

ISTRUZIONI
PER LA CURA

ISTRUZIONI
PER LA SEMINA

NOTE AGGIUNTIVE

LIBRO DI BORDO DEL GIARDINAGGIO

NOME	POSIZIONE
FORNITORE	PREZZO

CLASSE SCIENTIFICA

ORTAGGIO	○	FRUTTA
ERBA	○	FIORE
ARBUSTO	○	ALBERO
ANNUALE	○	BIENNALE
PERENNALE	○	SEMINA

DATE

GERMINATO

IMPIANTO

RACCOLTO

LIVELLO DI LUCE

SOLE

SOLE PARZIALE

OMBRA

ALTRO

INIZIATO DA

SEME

PIANTA

VALUTAZIONE

DIMENSIONE ○○○○○

COLORE ○○○○○

GUSTO ○○○○○

<table>
<tr><td>

**FERTILIZZANTI
E ATTREZZATURE**

</td><td>

**REQUISITI
DELL'ACQUA**

</td></tr>
</table>

0%
MENO

**ISTRUZIONI
PER LA CURA**

**ISTRUZIONI
PER LA SEMINA**

NOTE AGGIUNTIVE

LIBRO DI BORDO DEL GIARDINAGGIO

NOME	POSIZIONE
FORNITORE	PREZZO

CLASSE SCIENTIFICA

ORTAGGIO	○	FRUTTA
ERBA	○	FIORE
ARBUSTO	○	ALBERO
ANNUALE	○	BIENNALE
PERENNALE	○	SEMINA

DATE

GERMINATO

IMPIANTO

RACCOLTO

LIVELLO DI LUCE

SOLE

SOLE PARZIALE

OMBRA

ALTRO

INIZIATO DA

SEME

PIANTA

VALUTAZIONE

DIMENSIONE ○○○○○

COLORE ○○○○○

GUSTO ○○○○○

FERTILIZZANTI
E ATTREZZATURE

REQUISITI
DELL'ACQUA

0%
MENO

ISTRUZIONI
PER LA CURA

ISTRUZIONI
PER LA SEMINA

NOTE AGGIUNTIVE

LIBRO DI BORDO DEL GIARDINAGGIO

NOME	POSIZIONE
FORNITORE	PREZZO

CLASSE SCIENTIFICA

ORTAGGIO	○	FRUTTA
ERBA	○	FIORE
ARBUSTO	○	ALBERO
ANNUALE	○	BIENNALE
PERENNALE	○	SEMINA

DATE

GERMINATO

IMPIANTO

RACCOLTO

LIVELLO DI LUCE

SOLE

SOLE PARZIALE

OMBRA

ALTRO

INIZIATO DA

SEME

PIANTA

VALUTAZIONE

DIMENSIONE ○○○○○

COLORE ○○○○○

GUSTO ○○○○○

FERTILIZZANTI
E ATTREZZATURE

REQUISITI
DELL'ACQUA

0%
MENO

ISTRUZIONI
PER LA CURA

ISTRUZIONI
PER LA SEMINA

NOTE AGGIUNTIVE

LIBRO DI BORDO DEL GIARDINAGGIO

NOME		POSIZIONE
FORNITORE		PREZZO

CLASSE SCIENTIFICA

ORTAGGIO	○	FRUTTA
ERBA	○	FIORE
ARBUSTO	○	ALBERO
ANNUALE	○	BIENNALE
PERENNALE	○	SEMINA

DATE

GERMINATO

IMPIANTO

RACCOLTO

LIVELLO DI LUCE

SOLE

SOLE PARZIALE

OMBRA

ALTRO

INIZIATO DA

SEME

PIANTA

VALUTAZIONE

DIMENSIONE ○○○○○

COLORE ○○○○○

GUSTO ○○○○○

FERTILIZZANTI
E ATTREZZATURE

REQUISITI
DELL'ACQUA

0%
MENO

ISTRUZIONI
PER LA CURA

ISTRUZIONI
PER LA SEMINA

NOTE AGGIUNTIVE

LIBRO DI BORDO DEL GIARDINAGGIO

| NOME | | POSIZIONE | |
| FORNITORE | | PREZZO | |

CLASSE SCIENTIFICA

ORTAGGIO	○	FRUTTA
ERBA	○	FIORE
ARBUSTO	○	ALBERO
ANNUALE	○	BIENNALE
PERENNALE	○	SEMINA

DATE

GERMINATO

IMPIANTO

RACCOLTO

LIVELLO DI LUCE

SOLE

SOLE PARZIALE

OMBRA

ALTRO

INIZIATO DA

SEME

PIANTA

VALUTAZIONE

DIMENSIONE ○○○○○

COLORE ○○○○○

GUSTO ○○○○○

FERTILIZZANTI
E ATTREZZATURE

REQUISITI
DELL'ACQUA

0%
MENO

ISTRUZIONI
PER LA CURA

ISTRUZIONI
PER LA SEMINA

NOTE AGGIUNTIVE

LIBRO DI BORDO DEL GIARDINAGGIO

NOME	POSIZIONE
FORNITORE	PREZZO

CLASSE SCIENTIFICA

ORTAGGIO	○	FRUTTA
ERBA	○	FIORE
ARBUSTO	○	ALBERO
ANNUALE	○	BIENNALE
PERENNALE	○	SEMINA

DATE

GERMINATO

IMPIANTO

RACCOLTO

LIVELLO DI LUCE

SOLE

SOLE PARZIALE

OMBRA

ALTRO

INIZIATO DA

SEME

PIANTA

VALUTAZIONE

DIMENSIONE ○○○○○

COLORE ○○○○○

GUSTO ○○○○○

FERTILIZZANTI
E ATTREZZATURE

REQUISITI
DELL'ACQUA

0%
MENO

ISTRUZIONI
PER LA CURA

ISTRUZIONI
PER LA SEMINA

NOTE AGGIUNTIVE

LIBRO DI BORDO DEL GIARDINAGGIO

NOME		POSIZIONE
FORNITORE		PREZZO

CLASSE SCIENTIFICA

ORTAGGIO	○	FRUTTA
ERBA	○	FIORE
ARBUSTO	○	ALBERO
ANNUALE	○	BIENNALE
PERENNALE	○	SEMINA

DATE

GERMINATO

IMPIANTO

RACCOLTO

LIVELLO DI LUCE

SOLE

SOLE PARZIALE

OMBRA

ALTRO

INIZIATO DA

SEME

PIANTA

VALUTAZIONE

DIMENSIONE ○○○○○

COLORE ○○○○○

GUSTO ○○○○○

FERTILIZZANTI E ATTREZZATURE

REQUISITI DELL'ACQUA

0%
MENO

ISTRUZIONI PER LA CURA

ISTRUZIONI PER LA SEMINA

NOTE AGGIUNTIVE

LIBRO DI BORDO DEL GIARDINAGGIO

NOME	POSIZIONE
FORNITORE	PREZZO

CLASSE SCIENTIFICA

ORTAGGIO	○	FRUTTA
ERBA	○	FIORE
ARBUSTO	○	ALBERO
ANNUALE	○	BIENNALE
PERENNALE	○	SEMINA

DATE

GERMINATO

IMPIANTO

RACCOLTO

LIVELLO DI LUCE

SOLE

SOLE PARZIALE

OMBRA

ALTRO

INIZIATO DA

SEME

PIANTA

VALUTAZIONE

DIMENSIONE ○○○○○

COLORE ○○○○○

GUSTO ○○○○○

FERTILIZZANTI
E ATTREZZATURE

REQUISITI
DELL'ACQUA

0%
MENO

ISTRUZIONI
PER LA CURA

ISTRUZIONI
PER LA SEMINA

NOTE AGGIUNTIVE

LIBRO DI BORDO DEL GIARDINAGGIO

NOME

POSIZIONE

FORNITORE

PREZZO

CLASSE SCIENTIFICA

ORTAGGIO	○	FRUTTA
ERBA	○	FIORE
ARBUSTO	○	ALBERO
ANNUALE	○	BIENNALE
PERENNALE	○	SEMINA

DATE

GERMINATO

IMPIANTO

RACCOLTO

LIVELLO DI LUCE

SOLE

SOLE PARZIALE

OMBRA

ALTRO

INIZIATO DA

SEME

PIANTA

VALUTAZIONE

DIMENSIONE ○○○○○

COLORE ○○○○○

GUSTO ○○○○○

FERTILIZZANTI
E ATTREZZATURE

REQUISITI
DELL'ACQUA

0%
MENO

ISTRUZIONI
PER LA CURA

ISTRUZIONI
PER LA SEMINA

NOTE AGGIUNTIVE

LIBRO DI BORDO DEL GIARDINAGGIO

NOME	POSIZIONE

FORNITORE	PREZZO

CLASSE SCIENTIFICA

ORTAGGIO	○	FRUTTA
ERBA	○	FIORE
ARBUSTO	○	ALBERO
ANNUALE	○	BIENNALE
PERENNALE	○	SEMINA

DATE

GERMINATO

IMPIANTO

RACCOLTO

LIVELLO DI LUCE

SOLE

SOLE PARZIALE

OMBRA

ALTRO

INIZIATO DA

SEME

PIANTA

VALUTAZIONE

DIMENSIONE ○○○○○

COLORE ○○○○○

GUSTO ○○○○○

FERTILIZZANTI
E ATTREZZATURE

REQUISITI
DELL'ACQUA

0%
MENO

ISTRUZIONI
PER LA CURA

ISTRUZIONI
PER LA SEMINA

NOTE AGGIUNTIVE

LIBRO DI BORDO DEL GIARDINAGGIO

NOME	POSIZIONE
FORNITORE	PREZZO

CLASSE SCIENTIFICA

ORTAGGIO	○	FRUTTA
ERBA	○	FIORE
ARBUSTO	○	ALBERO
ANNUALE	○	BIENNALE
PERENNALE	○	SEMINA

DATE

GERMINATO

IMPIANTO

RACCOLTO

LIVELLO DI LUCE

SOLE

SOLE PARZIALE

OMBRA

ALTRO

INIZIATO DA

SEME

PIANTA

VALUTAZIONE

DIMENSIONE ○○○○○

COLORE ○○○○○

GUSTO ○○○○○

FERTILIZZANTI
E ATTREZZATURE

REQUISITI
DELL'ACQUA

0%
MENO

ISTRUZIONI
PER LA CURA

ISTRUZIONI
PER LA SEMINA

NOTE AGGIUNTIVE

LIBRO DI BORDO DEL GIARDINAGGIO

NOME

POSIZIONE

FORNITORE

PREZZO

CLASSE SCIENTIFICA

ORTAGGIO	○	FRUTTA
ERBA	○	FIORE
ARBUSTO	○	ALBERO
ANNUALE	○	BIENNALE
PERENNALE	○	SEMINA

DATE

GERMINATO

IMPIANTO

RACCOLTO

LIVELLO DI LUCE

SOLE

SOLE PARZIALE

OMBRA

ALTRO

INIZIATO DA

SEME

PIANTA

VALUTAZIONE

DIMENSIONE ○○○○○

COLORE ○○○○○

GUSTO ○○○○○

FERTILIZZANTI
E ATTREZZATURE

REQUISITI
DELL'ACQUA

0%
MENO

ISTRUZIONI
PER LA CURA

ISTRUZIONI
PER LA SEMINA

NOTE AGGIUNTIVE

LIBRO DI BORDO DEL GIARDINAGGIO

NOME	POSIZIONE

FORNITORE	PREZZO

CLASSE SCIENTIFICA

ORTAGGIO	○	FRUTTA
ERBA	○	FIORE
ARBUSTO	○	ALBERO
ANNUALE	○	BIENNALE
PERENNALE	○	SEMINA

DATE

GERMINATO

IMPIANTO

RACCOLTO

LIVELLO DI LUCE

SOLE

SOLE PARZIALE

OMBRA

ALTRO

INIZIATO DA

SEME

PIANTA

VALUTAZIONE

DIMENSIONE ○○○○○

COLORE ○○○○○

GUSTO ○○○○○

FERTILIZZANTI E ATTREZZATURE

REQUISITI DELL'ACQUA

0%
MENO

ISTRUZIONI PER LA CURA

ISTRUZIONI PER LA SEMINA

NOTE AGGIUNTIVE

LIBRO DI BORDO DEL GIARDINAGGIO

NOME		POSIZIONE	

FORNITORE		PREZZO	

CLASSE SCIENTIFICA

ORTAGGIO	○	FRUTTA
ERBA	○	FIORE
ARBUSTO	○	ALBERO
ANNUALE	○	BIENNALE
PERENNALE	○	SEMINA

DATE

GERMINATO

IMPIANTO

RACCOLTO

LIVELLO DI LUCE

SOLE

SOLE PARZIALE

OMBRA

ALTRO

INIZIATO DA

SEME

PIANTA

VALUTAZIONE

DIMENSIONE	○○○○○
COLORE	○○○○○
GUSTO	○○○○○

FERTILIZZANTI
E ATTREZZATURE

REQUISITI
DELL'ACQUA

0%
MENO

ISTRUZIONI
PER LA CURA

ISTRUZIONI
PER LA SEMINA

NOTE AGGIUNTIVE

LIBRO DI BORDO DEL GIARDINAGGIO

NOME		POSIZIONE	
FORNITORE		PREZZO	

CLASSE SCIENTIFICA

ORTAGGIO	○	FRUTTA
ERBA	○	FIORE
ARBUSTO	○	ALBERO
ANNUALE	○	BIENNALE
PERENNALE	○	SEMINA

DATE

GERMINATO

IMPIANTO

RACCOLTO

LIVELLO DI LUCE

SOLE

SOLE PARZIALE

OMBRA

ALTRO

INIZIATO DA

SEME

PIANTA

VALUTAZIONE

DIMENSIONE ○○○○○

COLORE ○○○○○

GUSTO ○○○○○

FERTILIZZANTI
E ATTREZZATURE

REQUISITI
DELL'ACQUA

0%
MENO

ISTRUZIONI
PER LA CURA

ISTRUZIONI
PER LA SEMINA

NOTE AGGIUNTIVE

LIBRO DI BORDO DEL GIARDINAGGIO

NOME	POSIZIONE

FORNITORE	PREZZO

CLASSE SCIENTIFICA

ORTAGGIO	○	FRUTTA
ERBA	○	FIORE
ARBUSTO	○	ALBERO
ANNUALE	○	BIENNALE
PERENNALE	○	SEMINA

DATE

GERMINATO

IMPIANTO

RACCOLTO

LIVELLO DI LUCE

SOLE

SOLE PARZIALE

OMBRA

ALTRO

INIZIATO DA

SEME

PIANTA

VALUTAZIONE

DIMENSIONE ○○○○○

COLORE ○○○○○

GUSTO ○○○○○

FERTILIZZANTI
E ATTREZZATURE

REQUISITI
DELL'ACQUA

0%
MENO

ISTRUZIONI
PER LA CURA

ISTRUZIONI
PER LA SEMINA

NOTE AGGIUNTIVE

LIBRO DI BORDO DEL GIARDINAGGIO

NOME		POSIZIONE
FORNITORE		PREZZO

CLASSE SCIENTIFICA

ORTAGGIO	○	FRUTTA
ERBA	○	FIORE
ARBUSTO	○	ALBERO
ANNUALE	○	BIENNALE
PERENNALE	○	SEMINA

DATE

GERMINATO

IMPIANTO

RACCOLTO

LIVELLO DI LUCE

SOLE

SOLE PARZIALE

OMBRA

ALTRO

INIZIATO DA

SEME

PIANTA

VALUTAZIONE

DIMENSIONE ○○○○○

COLORE ○○○○○

GUSTO ○○○○○

FERTILIZZANTI
E ATTREZZATURE

REQUISITI
DELL'ACQUA

0%
MENO

ISTRUZIONI
PER LA CURA

ISTRUZIONI
PER LA SEMINA

NOTE AGGIUNTIVE

LIBRO DI BORDO DEL GIARDINAGGIO

NOME

POSIZIONE

FORNITORE

PREZZO

CLASSE SCIENTIFICA

ORTAGGIO	○	FRUTTA
ERBA	○	FIORE
ARBUSTO	○	ALBERO
ANNUALE	○	BIENNALE
PERENNALE	○	SEMINA

DATE

GERMINATO

IMPIANTO

RACCOLTO

LIVELLO DI LUCE

SOLE

SOLE PARZIALE

OMBRA

ALTRO

INIZIATO DA

SEME

PIANTA

VALUTAZIONE

DIMENSIONE ○○○○○

COLORE ○○○○○

GUSTO ○○○○○

FERTILIZZANTI E ATTREZZATURE

REQUISITI DELL'ACQUA

0%
MENO

ISTRUZIONI PER LA CURA

ISTRUZIONI PER LA SEMINA

NOTE AGGIUNTIVE

LIBRO DI BORDO DEL GIARDINAGGIO

NOME

POSIZIONE

FORNITORE

PREZZO

CLASSE SCIENTIFICA

ORTAGGIO	○	FRUTTA
ERBA	○	FIORE
ARBUSTO	○	ALBERO
ANNUALE	○	BIENNALE
PERENNALE	○	SEMINA

DATE

GERMINATO

IMPIANTO

RACCOLTO

LIVELLO DI LUCE

SOLE

SOLE PARZIALE

OMBRA

ALTRO

INIZIATO DA

SEME

PIANTA

VALUTAZIONE

DIMENSIONE ○○○○○

COLORE ○○○○○

GUSTO ○○○○○

FERTILIZZANTI
E ATTREZZATURE

REQUISITI
DELL'ACQUA

0%
MENO

ISTRUZIONI
PER LA CURA

ISTRUZIONI
PER LA SEMINA

NOTE AGGIUNTIVE

LIBRO DI BORDO DEL GIARDINAGGIO

NOME	POSIZIONE

FORNITORE	PREZZO

CLASSE SCIENTIFICA

ORTAGGIO	○	FRUTTA
ERBA	○	FIORE
ARBUSTO	○	ALBERO
ANNUALE	○	BIENNALE
PERENNALE	○	SEMINA

DATE

GERMINATO

IMPIANTO

RACCOLTO

LIVELLO DI LUCE

SOLE

SOLE PARZIALE

OMBRA

ALTRO

INIZIATO DA

SEME

PIANTA

VALUTAZIONE

DIMENSIONE ○○○○○

COLORE ○○○○○

GUSTO ○○○○○

FERTILIZZANTI
E ATTREZZATURE

REQUISITI
DELL'ACQUA

0%
MENO

ISTRUZIONI
PER LA CURA

ISTRUZIONI
PER LA SEMINA

NOTE AGGIUNTIVE

LIBRO DI BORDO DEL GIARDINAGGIO

NOME

POSIZIONE

FORNITORE

PREZZO

CLASSE SCIENTIFICA

ORTAGGIO	○	FRUTTA
ERBA	○	FIORE
ARBUSTO	○	ALBERO
ANNUALE	○	BIENNALE
PERENNALE	○	SEMINA

DATE

GERMINATO

IMPIANTO

RACCOLTO

LIVELLO DI LUCE

SOLE

SOLE PARZIALE

OMBRA

ALTRO

INIZIATO DA

SEME

PIANTA

VALUTAZIONE

DIMENSIONE ○○○○○

COLORE ○○○○○

GUSTO ○○○○○

FERTILIZZANTI
E ATTREZZATURE

REQUISITI
DELL'ACQUA

0%
MENO

ISTRUZIONI
PER LA CURA

ISTRUZIONI
PER LA SEMINA

NOTE AGGIUNTIVE

LIBRO DI BORDO DEL GIARDINAGGIO

NOME	POSIZIONE
FORNITORE	PREZZO

CLASSE SCIENTIFICA

ORTAGGIO	○	FRUTTA
ERBA	○	FIORE
ARBUSTO	○	ALBERO
ANNUALE	○	BIENNALE
PERENNALE	○	SEMINA

DATE

GERMINATO

IMPIANTO

RACCOLTO

LIVELLO DI LUCE

SOLE

SOLE PARZIALE

OMBRA

ALTRO

INIZIATO DA

SEME

PIANTA

VALUTAZIONE

DIMENSIONE ○○○○○

COLORE ○○○○○

GUSTO ○○○○○

FERTILIZZANTI E ATTREZZATURE

REQUISITI DELL'ACQUA

0%
MENO

ISTRUZIONI PER LA CURA

ISTRUZIONI PER LA SEMINA

NOTE AGGIUNTIVE

LIBRO DI BORDO DEL GIARDINAGGIO

NOME		POSIZIONE
FORNITORE		PREZZO

CLASSE SCIENTIFICA

ORTAGGIO	○	FRUTTA
ERBA	○	FIORE
ARBUSTO	○	ALBERO
ANNUALE	○	BIENNALE
PERENNALE	○	SEMINA

DATE

GERMINATO

IMPIANTO

RACCOLTO

LIVELLO DI LUCE

SOLE

SOLE PARZIALE

OMBRA

ALTRO

INIZIATO DA

SEME

PIANTA

VALUTAZIONE

DIMENSIONE ○○○○○

COLORE ○○○○○

GUSTO ○○○○○

FERTILIZZANTI
E ATTREZZATURE

REQUISITI
DELL'ACQUA

0%
MENO

ISTRUZIONI
PER LA CURA

ISTRUZIONI
PER LA SEMINA

NOTE AGGIUNTIVE

LIBRO DI BORDO DEL GIARDINAGGIO

| NOME | | POSIZIONE | |

| FORNITORE | | PREZZO | |

CLASSE SCIENTIFICA

ORTAGGIO	◯	FRUTTA
ERBA	◯	FIORE
ARBUSTO	◯	ALBERO
ANNUALE	◯	BIENNALE
PERENNALE	◯	SEMINA

DATE

GERMINATO

IMPIANTO

RACCOLTO

LIVELLO DI LUCE

SOLE

SOLE PARZIALE

OMBRA

ALTRO

INIZIATO DA

SEME

PIANTA

VALUTAZIONE

DIMENSIONE ◯◯◯◯◯

COLORE ◯◯◯◯◯

GUSTO ◯◯◯◯◯

FERTILIZZANTI
E ATTREZZATURE

REQUISITI
DELL'ACQUA

0%
MENO

ISTRUZIONI
PER LA CURA

ISTRUZIONI
PER LA SEMINA

NOTE AGGIUNTIVE

LIBRO DI BORDO DEL GIARDINAGGIO

NOME

POSIZIONE

FORNITORE

PREZZO

CLASSE SCIENTIFICA

ORTAGGIO	○	FRUTTA
ERBA	○	FIORE
ARBUSTO	○	ALBERO
ANNUALE	○	BIENNALE
PERENNALE	○	SEMINA

DATE

GERMINATO

IMPIANTO

RACCOLTO

LIVELLO DI LUCE

SOLE

SOLE PARZIALE

OMBRA

ALTRO

INIZIATO DA

SEME

PIANTA

VALUTAZIONE

DIMENSIONE ○○○○○

COLORE ○○○○○

GUSTO ○○○○○

FERTILIZZANTI
E ATTREZZATURE

REQUISITI
DELL'ACQUA

0%
MENO

ISTRUZIONI
PER LA CURA

ISTRUZIONI
PER LA SEMINA

NOTE AGGIUNTIVE

LIBRO DI BORDO DEL GIARDINAGGIO

NOME

POSIZIONE

FORNITORE

PREZZO

CLASSE SCIENTIFICA

ORTAGGIO ○ FRUTTA

ERBA ○ FIORE

ARBUSTO ○ ALBERO

ANNUALE ○ BIENNALE

PERENNALE ○ SEMINA

DATE

GERMINATO

IMPIANTO

RACCOLTO

LIVELLO DI LUCE

SOLE

SOLE PARZIALE

OMBRA

ALTRO

INIZIATO DA

SEME

PIANTA

VALUTAZIONE

DIMENSIONE ○○○○○

COLORE ○○○○○

GUSTO ○○○○○

FERTILIZZANTI
E ATTREZZATURE

REQUISITI
DELL'ACQUA

0%
MENO

ISTRUZIONI
PER LA CURA

ISTRUZIONI
PER LA SEMINA

NOTE AGGIUNTIVE

LIBRO DI BORDO DEL GIARDINAGGIO

NOME	POSIZIONE

FORNITORE	PREZZO

CLASSE SCIENTIFICA

ORTAGGIO	○	FRUTTA
ERBA	○	FIORE
ARBUSTO	○	ALBERO
ANNUALE	○	BIENNALE
PERENNALE	○	SEMINA

DATE

GERMINATO

IMPIANTO

RACCOLTO

LIVELLO DI LUCE

SOLE

SOLE PARZIALE

OMBRA

ALTRO

INIZIATO DA

SEME

PIANTA

VALUTAZIONE

DIMENSIONE ○○○○○

COLORE ○○○○○

GUSTO ○○○○○

FERTILIZZANTI E ATTREZZATURE

REQUISITI DELL'ACQUA

0%
MENO

ISTRUZIONI PER LA CURA

ISTRUZIONI PER LA SEMINA

NOTE AGGIUNTIVE

LIBRO DI BORDO DEL GIARDINAGGIO

NOME

POSIZIONE

FORNITORE

PREZZO

CLASSE SCIENTIFICA

ORTAGGIO	○	FRUTTA
ERBA	○	FIORE
ARBUSTO	○	ALBERO
ANNUALE	○	BIENNALE
PERENNALE	○	SEMINA

DATE

GERMINATO

IMPIANTO

RACCOLTO

LIVELLO DI LUCE

SOLE

SOLE PARZIALE

OMBRA

ALTRO

INIZIATO DA

SEME

PIANTA

VALUTAZIONE

DIMENSIONE ○○○○○

COLORE ○○○○○

GUSTO ○○○○○

FERTILIZZANTI
E ATTREZZATURE

REQUISITI
DELL'ACQUA

0%
MENO

ISTRUZIONI
PER LA CURA

ISTRUZIONI
PER LA SEMINA

NOTE AGGIUNTIVE

LIBRO DI BORDO DEL GIARDINAGGIO

NOME	POSIZIONE
FORNITORE	PREZZO

CLASSE SCIENTIFICA

ORTAGGIO	○	FRUTTA
ERBA	○	FIORE
ARBUSTO	○	ALBERO
ANNUALE	○	BIENNALE
PERENNALE	○	SEMINA

DATE

GERMINATO

IMPIANTO

RACCOLTO

LIVELLO DI LUCE

SOLE

SOLE PARZIALE

OMBRA

ALTRO

INIZIATO DA

SEME

PIANTA

VALUTAZIONE

DIMENSIONE ○○○○○

COLORE ○○○○○

GUSTO ○○○○○

FERTILIZZANTI
E ATTREZZATURE

REQUISITI
DELL'ACQUA

0%
MENO

ISTRUZIONI
PER LA CURA

ISTRUZIONI
PER LA SEMINA

NOTE AGGIUNTIVE

LIBRO DI BORDO DEL GIARDINAGGIO

NOME

POSIZIONE

FORNITORE

PREZZO

CLASSE SCIENTIFICA

ORTAGGIO	○	FRUTTA
ERBA	○	FIORE
ARBUSTO	○	ALBERO
ANNUALE	○	BIENNALE
PERENNALE	○	SEMINA

DATE

GERMINATO

IMPIANTO

RACCOLTO

LIVELLO DI LUCE

SOLE

SOLE PARZIALE

OMBRA

ALTRO

INIZIATO DA

SEME

PIANTA

VALUTAZIONE

DIMENSIONE ○○○○○

COLORE ○○○○○

GUSTO ○○○○○

FERTILIZZANTI
E ATTREZZATURE

REQUISITI
DELL'ACQUA

0%
MENO

ISTRUZIONI
PER LA CURA

ISTRUZIONI
PER LA SEMINA

NOTE AGGIUNTIVE

LIBRO DI BORDO DEL GIARDINAGGIO

NOME	POSIZIONE
FORNITORE	PREZZO

CLASSE SCIENTIFICA

ORTAGGIO	○	FRUTTA
ERBA	○	FIORE
ARBUSTO	○	ALBERO
ANNUALE	○	BIENNALE
PERENNALE	○	SEMINA

DATE

GERMINATO

IMPIANTO

RACCOLTO

LIVELLO DI LUCE

SOLE

SOLE PARZIALE

OMBRA

ALTRO

INIZIATO DA

SEME

PIANTA

VALUTAZIONE

DIMENSIONE ○○○○○

COLORE ○○○○○

GUSTO ○○○○○

FERTILIZZANTI E ATTREZZATURE

REQUISITI DELL'ACQUA

0%
MENO

ISTRUZIONI PER LA CURA

ISTRUZIONI PER LA SEMINA

NOTE AGGIUNTIVE

LIBRO DI BORDO DEL GIARDINAGGIO

NOME

POSIZIONE

FORNITORE

PREZZO

CLASSE SCIENTIFICA

ORTAGGIO	◯	FRUTTA
ERBA	◯	FIORE
ARBUSTO	◯	ALBERO
ANNUALE	◯	BIENNALE
PERENNALE	◯	SEMINA

DATE

GERMINATO

IMPIANTO

RACCOLTO

LIVELLO DI LUCE

SOLE

SOLE PARZIALE

OMBRA

ALTRO

INIZIATO DA

SEME

PIANTA

VALUTAZIONE

DIMENSIONE ◯◯◯◯◯

COLORE ◯◯◯◯◯

GUSTO ◯◯◯◯◯

FERTILIZZANTI E ATTREZZATURE

REQUISITI DELL'ACQUA

0%
MENO

ISTRUZIONI PER LA CURA

ISTRUZIONI PER LA SEMINA

NOTE AGGIUNTIVE

LIBRO DI BORDO DEL GIARDINAGGIO

NOME	POSIZIONE
FORNITORE	PREZZO

CLASSE SCIENTIFICA

ORTAGGIO	○	FRUTTA
ERBA	○	FIORE
ARBUSTO	○	ALBERO
ANNUALE	○	BIENNALE
PERENNALE	○	SEMINA

DATE

GERMINATO

IMPIANTO

RACCOLTO

LIVELLO DI LUCE

SOLE

SOLE PARZIALE

OMBRA

ALTRO

INIZIATO DA

SEME

PIANTA

VALUTAZIONE

DIMENSIONE ○○○○○

COLORE ○○○○○

GUSTO ○○○○○

FERTILIZZANTI
E ATTREZZATURE

REQUISITI
DELL'ACQUA

0%
MENO

ISTRUZIONI
PER LA CURA

ISTRUZIONI
PER LA SEMINA

NOTE AGGIUNTIVE

LIBRO DI BORDO DEL GIARDINAGGIO

NOME	POSIZIONE
FORNITORE	PREZZO

CLASSE SCIENTIFICA

ORTAGGIO	○	FRUTTA
ERBA	○	FIORE
ARBUSTO	○	ALBERO
ANNUALE	○	BIENNALE
PERENNALE	○	SEMINA

DATE

GERMINATO

IMPIANTO

RACCOLTO

LIVELLO DI LUCE

SOLE

SOLE PARZIALE

OMBRA

ALTRO

INIZIATO DA

SEME

PIANTA

VALUTAZIONE

DIMENSIONE ○○○○○

COLORE ○○○○○

GUSTO ○○○○○

FERTILIZZANTI
E ATTREZZATURE

REQUISITI
DELL'ACQUA

0%
MENO

ISTRUZIONI
PER LA CURA

ISTRUZIONI
PER LA SEMINA

NOTE AGGIUNTIVE

LIBRO DI BORDO DEL GIARDINAGGIO

NOME		POSIZIONE
FORNITORE		PREZZO

CLASSE SCIENTIFICA

ORTAGGIO	○	FRUTTA
ERBA	○	FIORE
ARBUSTO	○	ALBERO
ANNUALE	○	BIENNALE
PERENNALE	○	SEMINA

DATE

GERMINATO

IMPIANTO

RACCOLTO

LIVELLO DI LUCE

SOLE

SOLE PARZIALE

OMBRA

ALTRO

INIZIATO DA

SEME

PIANTA

VALUTAZIONE

DIMENSIONE ○○○○○

COLORE ○○○○○

GUSTO ○○○○○

FERTILIZZANTI E ATTREZZATURE

REQUISITI DELL'ACQUA

0%
MENO

ISTRUZIONI PER LA CURA

ISTRUZIONI PER LA SEMINA

NOTE AGGIUNTIVE

LIBRO DI BORDO DEL GIARDINAGGIO

NOME

POSIZIONE

FORNITORE

PREZZO

CLASSE SCIENTIFICA

ORTAGGIO	○	FRUTTA
ERBA	○	FIORE
ARBUSTO	○	ALBERO
ANNUALE	○	BIENNALE
PERENNALE	○	SEMINA

DATE

GERMINATO

IMPIANTO

RACCOLTO

LIVELLO DI LUCE

SOLE

SOLE PARZIALE

OMBRA

ALTRO

INIZIATO DA

SEME

PIANTA

VALUTAZIONE

DIMENSIONE ○○○○○

COLORE ○○○○○

GUSTO ○○○○○

FERTILIZZANTI
E ATTREZZATURE

REQUISITI
DELL'ACQUA

0%
MENO

ISTRUZIONI
PER LA CURA

ISTRUZIONI
PER LA SEMINA

NOTE AGGIUNTIVE

LIBRO DI BORDO DEL GIARDINAGGIO

NOME

POSIZIONE

FORNITORE

PREZZO

CLASSE SCIENTIFICA

ORTAGGIO	○	FRUTTA
ERBA	○	FIORE
ARBUSTO	○	ALBERO
ANNUALE	○	BIENNALE
PERENNALE	○	SEMINA

DATE

GERMINATO

IMPIANTO

RACCOLTO

LIVELLO DI LUCE

SOLE

SOLE PARZIALE

OMBRA

ALTRO

INIZIATO DA

SEME

PIANTA

VALUTAZIONE

DIMENSIONE ○○○○○

COLORE ○○○○○

GUSTO ○○○○○

FERTILIZZANTI
E ATTREZZATURE

REQUISITI
DELL'ACQUA

0%
MENO

ISTRUZIONI
PER LA CURA

ISTRUZIONI
PER LA SEMINA

NOTE AGGIUNTIVE

LIBRO DI BORDO DEL GIARDINAGGIO

NOME	POSIZIONE
FORNITORE	PREZZO

CLASSE SCIENTIFICA

ORTAGGIO	○	FRUTTA
ERBA	○	FIORE
ARBUSTO	○	ALBERO
ANNUALE	○	BIENNALE
PERENNALE	○	SEMINA

DATE

GERMINATO

IMPIANTO

RACCOLTO

LIVELLO DI LUCE

SOLE

SOLE PARZIALE

OMBRA

ALTRO

INIZIATO DA

SEME

PIANTA

VALUTAZIONE

DIMENSIONE ○○○○○

COLORE ○○○○○

GUSTO ○○○○○

FERTILIZZANTI
E ATTREZZATURE

REQUISITI
DELL'ACQUA

0%
MENO

ISTRUZIONI
PER LA CURA

ISTRUZIONI
PER LA SEMINA

NOTE AGGIUNTIVE

LIBRO DI BORDO DEL GIARDINAGGIO

NOME		POSIZIONE
FORNITORE		PREZZO

CLASSE SCIENTIFICA

ORTAGGIO	○	FRUTTA
ERBA	○	FIORE
ARBUSTO	○	ALBERO
ANNUALE	○	BIENNALE
PERENNALE	○	SEMINA

DATE

GERMINATO

IMPIANTO

RACCOLTO

LIVELLO DI LUCE

SOLE

SOLE PARZIALE

OMBRA

ALTRO

INIZIATO DA

SEME

PIANTA

VALUTAZIONE

DIMENSIONE ○○○○○

COLORE ○○○○○

GUSTO ○○○○○

FERTILIZZANTI
E ATTREZZATURE

REQUISITI
DELL'ACQUA

0%
MENO

ISTRUZIONI
PER LA CURA

ISTRUZIONI
PER LA SEMINA

NOTE AGGIUNTIVE

LIBRO DI BORDO DEL GIARDINAGGIO

NOME		POSIZIONE
FORNITORE		PREZZO

CLASSE SCIENTIFICA

ORTAGGIO	○	FRUTTA
ERBA	○	FIORE
ARBUSTO	○	ALBERO
ANNUALE	○	BIENNALE
PERENNALE	○	SEMINA

DATE

GERMINATO

IMPIANTO

RACCOLTO

LIVELLO DI LUCE

SOLE

SOLE PARZIALE

OMBRA

ALTRO

INIZIATO DA

SEME

PIANTA

VALUTAZIONE

DIMENSIONE ○○○○○

COLORE ○○○○○

GUSTO ○○○○○

FERTILIZZANTI E ATTREZZATURE

REQUISITI DELL'ACQUA

0%
MENO

ISTRUZIONI PER LA CURA

ISTRUZIONI PER LA SEMINA

NOTE AGGIUNTIVE

LIBRO DI BORDO DEL GIARDINAGGIO

NOME		POSIZIONE
FORNITORE		PREZZO

CLASSE SCIENTIFICA

ORTAGGIO	○	FRUTTA
ERBA	○	FIORE
ARBUSTO	○	ALBERO
ANNUALE	○	BIENNALE
PERENNALE	○	SEMINA

DATE

GERMINATO

IMPIANTO

RACCOLTO

LIVELLO DI LUCE

SOLE

SOLE PARZIALE

OMBRA

ALTRO

INIZIATO DA

SEME

PIANTA

VALUTAZIONE

DIMENSIONE ○○○○○

COLORE ○○○○○

GUSTO ○○○○○

FERTILIZZANTI
E ATTREZZATURE

REQUISITI
DELL'ACQUA

0%
MENO

ISTRUZIONI
PER LA CURA

ISTRUZIONI
PER LA SEMINA

NOTE AGGIUNTIVE

LIBRO DI BORDO DEL GIARDINAGGIO

NOME

POSIZIONE

FORNITORE

PREZZO

CLASSE SCIENTIFICA

ORTAGGIO	○	FRUTTA
ERBA	○	FIORE
ARBUSTO	○	ALBERO
ANNUALE	○	BIENNALE
PERENNALE	○	SEMINA

DATE

GERMINATO

IMPIANTO

RACCOLTO

LIVELLO DI LUCE

SOLE

SOLE PARZIALE

OMBRA

ALTRO

INIZIATO DA

SEME

PIANTA

VALUTAZIONE

DIMENSIONE ○○○○○

COLORE ○○○○○

GUSTO ○○○○○

FERTILIZZANTI
E ATTREZZATURE

REQUISITI
DELL'ACQUA

0%
MENO

ISTRUZIONI
PER LA CURA

ISTRUZIONI
PER LA SEMINA

NOTE AGGIUNTIVE

LIBRO DI BORDO DEL GIARDINAGGIO

NOME

POSIZIONE

FORNITORE

PREZZO

CLASSE SCIENTIFICA

ORTAGGIO ○		FRUTTA
ERBA ○		FIORE
ARBUSTO ○		ALBERO
ANNUALE ○		BIENNALE
PERENNALE ○		SEMINA

DATE

GERMINATO

IMPIANTO

RACCOLTO

LIVELLO DI LUCE

SOLE

SOLE PARZIALE

OMBRA

ALTRO

INIZIATO DA

SEME

PIANTA

VALUTAZIONE

DIMENSIONE ○○○○○

COLORE ○○○○○

GUSTO ○○○○○

FERTILIZZANTI
E ATTREZZATURE

REQUISITI
DELL'ACQUA

0%
MENO

ISTRUZIONI
PER LA CURA

ISTRUZIONI
PER LA SEMINA

NOTE AGGIUNTIVE

LIBRO DI BORDO DEL GIARDINAGGIO

NOME	POSIZIONE

FORNITORE	PREZZO

CLASSE SCIENTIFICA

ORTAGGIO	○	FRUTTA
ERBA	○	FIORE
ARBUSTO	○	ALBERO
ANNUALE	○	BIENNALE
PERENNALE	○	SEMINA

DATE

GERMINATO

IMPIANTO

RACCOLTO

LIVELLO DI LUCE

SOLE

SOLE PARZIALE

OMBRA

ALTRO

INIZIATO DA

SEME

PIANTA

VALUTAZIONE

DIMENSIONE	○○○○○
COLORE	○○○○○
GUSTO	○○○○○

FERTILIZZANTI E ATTREZZATURE

REQUISITI DELL'ACQUA

0%
MENO

ISTRUZIONI PER LA CURA

ISTRUZIONI PER LA SEMINA

NOTE AGGIUNTIVE

LIBRO DI BORDO DEL GIARDINAGGIO

NOME		POSIZIONE
FORNITORE		PREZZO

CLASSE SCIENTIFICA

ORTAGGIO	○	FRUTTA
ERBA	○	FIORE
ARBUSTO	○	ALBERO
ANNUALE	○	BIENNALE
PERENNALE	○	SEMINA

DATE

GERMINATO

IMPIANTO

RACCOLTO

LIVELLO DI LUCE

SOLE

SOLE PARZIALE

OMBRA

ALTRO

INIZIATO DA

SEME

PIANTA

VALUTAZIONE

DIMENSIONE ○○○○○

COLORE ○○○○○

GUSTO ○○○○○

FERTILIZZANTI
E ATTREZZATURE

REQUISITI
DELL'ACQUA

0%
MENO

ISTRUZIONI
PER LA CURA

ISTRUZIONI
PER LA SEMINA

NOTE AGGIUNTIVE

LIBRO DI BORDO DEL GIARDINAGGIO

NOME

POSIZIONE

FORNITORE

PREZZO

CLASSE SCIENTIFICA

ORTAGGIO	○	FRUTTA
ERBA	○	FIORE
ARBUSTO	○	ALBERO
ANNUALE	○	BIENNALE
PERENNALE	○	SEMINA

DATE

GERMINATO

IMPIANTO

RACCOLTO

LIVELLO DI LUCE

SOLE

SOLE PARZIALE

OMBRA

ALTRO

INIZIATO DA

SEME

PIANTA

VALUTAZIONE

DIMENSIONE ○○○○○

COLORE ○○○○○

GUSTO ○○○○○

FERTILIZZANTI
E ATTREZZATURE

REQUISITI
DELL'ACQUA

0%
MENO

ISTRUZIONI
PER LA CURA

ISTRUZIONI
PER LA SEMINA

NOTE AGGIUNTIVE

LIBRO DI BORDO DEL GIARDINAGGIO

NOME		POSIZIONE
FORNITORE		PREZZO

CLASSE SCIENTIFICA

ORTAGGIO	○	FRUTTA
ERBA	○	FIORE
ARBUSTO	○	ALBERO
ANNUALE	○	BIENNALE
PERENNALE	○	SEMINA

DATE

GERMINATO

IMPIANTO

RACCOLTO

LIVELLO DI LUCE

SOLE

SOLE PARZIALE

OMBRA

ALTRO

INIZIATO DA

SEME

PIANTA

VALUTAZIONE

DIMENSIONE ○○○○○

COLORE ○○○○○

GUSTO ○○○○○

**FERTILIZZANTI
E ATTREZZATURE**

**REQUISITI
DELL'ACQUA**

0%
MENO

**ISTRUZIONI
PER LA CURA**

**ISTRUZIONI
PER LA SEMINA**

NOTE AGGIUNTIVE

LIBRO DI BORDO DEL GIARDINAGGIO

NOME

POSIZIONE

FORNITORE

PREZZO

CLASSE SCIENTIFICA

ORTAGGIO	○	FRUTTA
ERBA	○	FIORE
ARBUSTO	○	ALBERO
ANNUALE	○	BIENNALE
PERENNALE	○	SEMINA

DATE

GERMINATO

IMPIANTO

RACCOLTO

LIVELLO DI LUCE

SOLE

SOLE PARZIALE

OMBRA

ALTRO

INIZIATO DA

SEME

PIANTA

VALUTAZIONE

DIMENSIONE ○○○○○

COLORE ○○○○○

GUSTO ○○○○○

FERTILIZZANTI E ATTREZZATURE

REQUISITI DELL'ACQUA

0%
MENO

ISTRUZIONI PER LA CURA

ISTRUZIONI PER LA SEMINA

NOTE AGGIUNTIVE

LIBRO DI BORDO DEL GIARDINAGGIO

NOME

POSIZIONE

FORNITORE

PREZZO

CLASSE SCIENTIFICA

ORTAGGIO	○	FRUTTA
ERBA	○	FIORE
ARBUSTO	○	ALBERO
ANNUALE	○	BIENNALE
PERENNALE	○	SEMINA

DATE

GERMINATO

IMPIANTO

RACCOLTO

LIVELLO DI LUCE

SOLE

SOLE PARZIALE

OMBRA

ALTRO

INIZIATO DA

SEME

PIANTA

VALUTAZIONE

DIMENSIONE ○○○○○

COLORE ○○○○○

GUSTO ○○○○○

FERTILIZZANTI
E ATTREZZATURE

REQUISITI
DELL'ACQUA

0%
MENO

ISTRUZIONI
PER LA CURA

ISTRUZIONI
PER LA SEMINA

NOTE AGGIUNTIVE

LIBRO DI BORDO DEL GIARDINAGGIO

NOME	POSIZIONE

FORNITORE	PREZZO

CLASSE SCIENTIFICA

ORTAGGIO	○	FRUTTA
ERBA	○	FIORE
ARBUSTO	○	ALBERO
ANNUALE	○	BIENNALE
PERENNALE	○	SEMINA

DATE

GERMINATO

IMPIANTO

RACCOLTO

LIVELLO DI LUCE

SOLE

SOLE PARZIALE

OMBRA

ALTRO

INIZIATO DA

SEME

PIANTA

VALUTAZIONE

DIMENSIONE ○○○○○

COLORE ○○○○○

GUSTO ○○○○○

FERTILIZZANTI
E ATTREZZATURE

REQUISITI
DELL'ACQUA

0%
MENO

ISTRUZIONI
PER LA CURA

ISTRUZIONI
PER LA SEMINA

NOTE AGGIUNTIVE

LIBRO DI BORDO DEL GIARDINAGGIO

NOME	POSIZIONE

FORNITORE	PREZZO

CLASSE SCIENTIFICA

ORTAGGIO	○	FRUTTA
ERBA	○	FIORE
ARBUSTO	○	ALBERO
ANNUALE	○	BIENNALE
PERENNALE	○	SEMINA

DATE

GERMINATO

IMPIANTO

RACCOLTO

LIVELLO DI LUCE

SOLE

SOLE PARZIALE

OMBRA

ALTRO

INIZIATO DA

SEME

PIANTA

VALUTAZIONE

DIMENSIONE ○○○○○

COLORE ○○○○○

GUSTO ○○○○○

FERTILIZZANTI
E ATTREZZATURE

REQUISITI
DELL'ACQUA

0%
MENO

ISTRUZIONI
PER LA CURA

ISTRUZIONI
PER LA SEMINA

NOTE AGGIUNTIVE

LIBRO DI BORDO DEL GIARDINAGGIO

NOME

POSIZIONE

FORNITORE

PREZZO

CLASSE SCIENTIFICA

ORTAGGIO	○	FRUTTA
ERBA	○	FIORE
ARBUSTO	○	ALBERO
ANNUALE	○	BIENNALE
PERENNALE	○	SEMINA

DATE

GERMINATO

IMPIANTO

RACCOLTO

LIVELLO DI LUCE

SOLE

SOLE PARZIALE

OMBRA

ALTRO

INIZIATO DA

SEME

PIANTA

VALUTAZIONE

DIMENSIONE ○○○○○

COLORE ○○○○○

GUSTO ○○○○○

FERTILIZZANTI
E ATTREZZATURE

REQUISITI
DELL'ACQUA

0%
MENO

ISTRUZIONI
PER LA CURA

ISTRUZIONI
PER LA SEMINA

NOTE AGGIUNTIVE

LIBRO DI BORDO DEL GIARDINAGGIO

NOME

POSIZIONE

FORNITORE

PREZZO

CLASSE SCIENTIFICA

ORTAGGIO	◯	FRUTTA
ERBA	◯	FIORE
ARBUSTO	◯	ALBERO
ANNUALE	◯	BIENNALE
PERENNALE	◯	SEMINA

DATE

GERMINATO

IMPIANTO

RACCOLTO

LIVELLO DI LUCE

SOLE

SOLE PARZIALE

OMBRA

ALTRO

INIZIATO DA

SEME

PIANTA

VALUTAZIONE

DIMENSIONE ◯◯◯◯◯

COLORE ◯◯◯◯◯

GUSTO ◯◯◯◯◯

FERTILIZZANTI E ATTREZZATURE

REQUISITI DELL'ACQUA

0%
MENO

ISTRUZIONI PER LA CURA

ISTRUZIONI PER LA SEMINA

NOTE AGGIUNTIVE